AF244721

T.B 13
120

NOTRE ANCÊTRE

RECHERCHES D'ANATOMIE ET D'ETHNOLOGIE

SUR LE PRÉCURSEUR DE L'HOMME

MAIN DE CHIMPANZÉ

NOTRE ANCÊTRE

RECHERCHES D'ANATOMIE ET D'ETHNOLOGIE

SUR LE PRÉCURSEUR DE L'HOMME

PAR

ABEL HOVELACQUE

PARIS

ERNEST LEROUX, ÉDITEUR

LIBRAIRE DE LA SOCIÉTÉ ASIATIQUE DE PARIS, DE L'ÉCOLE DES LANGUES ORIENTALES VIVANTES
DES SOCIÉTÉS DE CALCUTTA
DE NEW-HAVEN (ÉTATS-UNIS), DE SHANGHAI (CHINE), ETC.
28, RUE BONAPARTE, 28

1877

NOTRE ANCÊTRE

RECHERCHES D'ANATOMIE ET D'ETHNOLOGIE

SUR LE PRÉCURSEUR DE L'HOMME

Les cinquante ou soixante années qui suivirent la publication de l'*Encyclopédie*, et qui se répartissent sur la fin du dix-huitième siècle et sur le commencement du dix-neuvième, virent naître la science moderne, la science expérimentale, sa méthode, ses doctrines.

La France fut à la tête de ce grand mouvement.

Lalande (1732-1807) et Laplace (1749-1827) donnèrent aux sciences mathématiques un élan imprévu ; avec Lavoisier (1743-1794), la chimie devint une science toute nouvelle ; Bichat (1771-1802) fonda l'anatomie générale, Cuvier (1769-1832) l'anatomie comparée.

A côté de ces noms illustres, il en est un autre que l'on a trop oublié depuis quarante ans, et que beaucoup d'entre nous n'ont appris à connaître que par les écrits des naturalistes anglais et allemands.

Ce nom est celui de Lamarck, né en 1744 à Bazantin, en Picardie, et mort à Paris en 1829.

On peut dire sans témérité que Lamarck a fait faire à l'histoire naturelle de l'homme et des animaux un des plus grands pas qu'elle ait jamais franchis. C'est lui qui, le premier, a formulé, avec un commencement de preuves scientifiques, et dans son ensemble, la doctrine du *transformisme*, que l'on appelle également aujourd'hui la doctrine de la descendance ou la doctrine généalogique. En 1873, M. Charles Martins a réédité les deux volumes de la *Philosophie zoologique* de Lamarck ; il l'a fait précéder d'une Introduction où l'état de la question est exposé en termes excellents, et dont la lecture ne saurait être trop vivement recommandée.

Vingt ans après la publication du grand ouvrage de Lamarck,

Etienne Geoffroy Saint-Hilaire défendait glorieusement contre Cuvier la doctrine de l'évolution et de l'unité d'organisation. L'Institut se prononça avec Cuvier contre la sériation naturelle des êtres organisés, contre la *chaîne animale* de Lamarck, mais la paléontologie et l'embryologie vinrent confirmer bientôt les vues de Geoffroy Saint-Hilaire.

Il fallut reconnaître, si l'on ne préférait fermer les yeux à l'évidence, que les espèces fossiles se perfectionnaient de plus en plus au fur et à mesure que les périodes zoologiques étaient plus rapprochées de nos âges ; que dans l'évolution embryologique le progrès était absolument continu, et qu'enfin il existait un rapport direct, une étroite connexion entre les phases de l'évolution embryonnaire et le progrès constant des anciennes formes qui se sont accumulées les unes sur les autres.

Trente ans s'écoulèrent. Deux naturalistes anglais, MM. Wallace et Charles Darwin, partisans décidés de la transformation de l'espèce, tentèrent de donner à la doctrine de l'évolution, à l'aide d'un nombre considérable de preuves, un fondement solide reposant sur l'étude même des causes de cette évolution. Ce fut, pour M. Wallace, la sélection naturelle ; ce fut, pour M. Darwin, la sélection naturelle et la sélection sexuelle.

D'une façon générale, la *sélection naturelle* peut être définie la *survivance des plus aptes*. Quant à la *sélection sexuelle*, « elle provient de l'avantage que certains individus ont sur d'autres individus de même sexe et de même espèce, sous le rapport exclusif de la reproduction ». Bien que peut-être les différentes sortes de sélection ne puissent suffire à expliquer la doctrine transformiste tout entière (1), il n'en est pas moins constant que la théorie de MM. Wallace et Charles Darwin a gagné à la cause du transformisme un grand nombre d'esprits indépendants et d'une compétence parfaite. On a été jusqu'à donner le nom de *darwinisme* à la doctrine même de l'évolution des espèces.. Si l'on tenait à créer un mot de cette sorte, ce qui d'ailleurs était bien inutile, ce n'était pas le nom de M. Darwin qu'il fallait emprunter, c'était celui de Lamarck.

En Allemagne, la doctrine de la descendance rencontra de nouveaux adhérents. Gœthe déjà s'y était rallié. L'*Histoire de la création des êtres organisés*, par M. Hæckel, professeur à Iéna, est

----

(1) Broca. *Les Sélections* (*Revue d'anthropologie*, t. I, p. 683, Paris, 1871).

un développement assez curieux de l'enseignement de Lamarck ; il est bien au courant des acquisitions nouvelles et si importantes de la paléontologie et de l'embryologie. A la vérité, on peut faire bon marché, dans l'ouvrage de M. Hæckel, de la division toute factice des races humaines en douze catégories ; mais ce n'est là qu'un point accessoire et que l'auteur lui-même devrait abandonner sans peine. En somme, le livre de M. Hæckel peut être recommandé aux personnes qui ne prétendent point repousser de parti pris et sans examen la doctrine de la descendance. Elles se prépareront fructueusement à cette lecture par l'étude des écrits remarquables (et dont nous nous servirons largement tout à l'heure) de MM. Huxley et Broca sur les rapports anatomiques de l'homme et des grands singes.

C'est en 1867 que l'on annonça la découverte de l'homme tertiaire. Des silex intentionnellement taillés et retaillés avaient été trouvés dans les couches marneuses de l'étage des calcaires de Beauce qui appartiennent aux terrains tertiaires moyens. On conclut, d'après l'existence de ses œuvres, à l'existence de l'homme tertiaire.

Cette conclusion était précipitée.

S'appuyant sur les lois de la paléontologie, M. de Mortillet démontra qu'il ne pouvait être question d'un homme tertiaire, mais bien d'un *précurseur de l'homme*, ce qui est tout différent.

« Les animaux varient d'une assise à l'autre, dit M. de Mortillet au second congrès de l'Association française pour l'avancement des sciences, tenu à Lyon en 1872, et la faune se renouvelle avec les divers terrains.

« Les variations sont d'autant plus rapides que les animaux ont une organisation plus complexe, ou, en d'autres termes, l'existence d'une espèce est d'autant plus courte que cette espèce occupe un rang plus élevé dans l'échelle des êtres. Ainsi les mammifères, animaux bien plus compliqués que les mollusques, se modifient plus rapidement et plus complétement que ces derniers d'une assise à l'autre.

« Les variations ne sont pas radicales, elles sont partielles et successives ; aussi les faunes sont d'autant plus distinctes et différentes que les assises qui les contiennent sont plus éloignées les unes des autres.

« Enfin, les variations se rapportent toutes à un plan général, de sorte que tous les animaux trouvent leur place naturelle dans des séries continues et régulières, bien que divergentes, comme s'il y avait filiation entre eux tous. »

La comparaison des singes anthropomorphes et de l'homme peut évidemment nous fournir quelques renseignements sur ce que devait être le précurseur de l'homme. Il est admis communément par les partisans de la doctrine de l'évolution, que l'homme et les grands singes dérivent les uns et les autres d'un auteur commun, et que ce qui distingue particulièrement le premier des seconds, c'est qu'il a acquis, sous l'influence de circonstances heureuses, la faculté du langage articulé.

Que ce précurseur de l'homme n'occupe pas une place intermédiaire entre le gorille, le chimpanzé, l'orang et le gibbon, d'une part, et l'homme, d'autre part, cela n'est pas douteux. On ne saurait donc lui assigner des caractères intermédiaires entre ceux des singes anthropomorphes et de l'homme.

Pourtant, il faut lui prêter d'une façon générale des caractères moins élevés que ceux qui distinguent des grands singes le primate caractérisé particulièrement par la faculté du langage articulé, l'homme.

Ici nous nous trouvons guidé par la comparaison des races inférieures de l'humanité aux races supérieures.

M. Darwin, dans le premier volume de son ouvrage sur la descendance de l'homme et la sélection sexuelle, a dit quelques mots de cette question. C'est au chapitre sixième du premier livre. Voici, d'ailleurs, le texte même de la traduction française :

« Les premiers ancêtres de l'homme étaient sans doute couverts de poils, les deux sexes portant la barbe ; leurs oreilles étaient pointues et mobiles ; ils avaient une queue desservie par des muscles propres. Leurs membres et leur corps étaient soumis à l'action de muscles nombreux qui, ne reparaissant aujourd'hui qu'accidentellement chez l'homme, sont encore normaux chez les quadrumanes. L'artère et le nerf de l'humérus passaient par l'ouverture supracondyloïde. A cette période ou à une période antérieure, l'intestin possédait un diverticulum ou cæcum plus grand que celui existant actuellement. Le pied, à en juger par la condition du gros orteil dans le fœtus, devait être alors préhensile, et nos ancêtres vivaient sans doute habituellement sur les arbres, dans quelque pays chaud, couvert de forêts. Les mâles avaient de grandes dents canines qui leur servaient d'armes formidables. »

Cette description, sans doute, a de bons côtés ; mais, outre qu'elle nous semble beaucoup trop sommaire, nous pensons qu'elle ne s'applique pas tout entière, d'une façon exclusive, au précurseur direct de l'homme.

Celle de M. Hæckel est plus vague encore : « Cet homme primitif était très-dolichocéphale, très-prognathe ; il avait des cheveux laineux, une peau noire ou brune ; son corps était revêtu de poils plus abondants que chez aucune race humaine actuelle ; ses bras étaient relativement plus longs et plus robustes ; ses jambes, au contraire, plus courtes et plus minces, sans mollets ; la station n'était chez lui qu'à demi-verticale et les genoux étaient fortement fléchis. » (Traduction française, p. 614.)

Selon nous, on peut ajouter beaucoup à ces deux fragments, et nous nous proposons d'exposer ici un essai de description plus complète.

Avant d'entrer en matière, il est inutile, sans doute, de prévenir le lecteur qu'aucun naturaliste ne voit dans l'un ou l'autre des anthropoïdes actuels : le gorille, le chimpanzé, l'orang, le gibbon, le véritable ancêtre de l'homme. Le fait est que ces différents individus remontent tous, avec l'homme, à un ancêtre commun. Il s'agit ici d'une parenté collatérale, à un degré quelconque, nullement d'une parenté directe. L'homme ne descend pas plus du gorille que le gorille ne descend de l'homme.

Ajoutons enfin qu'aucun des anthropoïdes actuellement connus n'a sur les autres anthropoïdes le privilége d'une ressemblance plus particulière avec l'homme. Le gorille, par exemple, l'emporte par la taille, par la conformation de ses membres ; le chimpanzé, par la direction du trou occipital ; l'orang, par le cerveau ; le gibbon, par la courbure du rachis, par le petit nombre de pièces du sternum.

Cela dit, nous entrons de suite en matière ; nous rassemblons les faits et les laissons parler eux-mêmes.

Nos principales recherches portent sur l'ostéologie, sur l'étude du squelette. Ici nous avons tout d'abord à nous occuper du *crâne*.

Le crâne, au premier examen, peut sembler long, court, ou moyennement proportionné. La tête longue reçoit le nom de *dolichocéphale* ; la tête courte, celui de *brachycéphale*. Ces deux formes seulement paraissent être primitives. La forme intermé-

diaire, ou *mésaticéphale*, semble n'être que le résultat de croise-
ments. Parmi les races humaines les plus dolichocéphales, nous

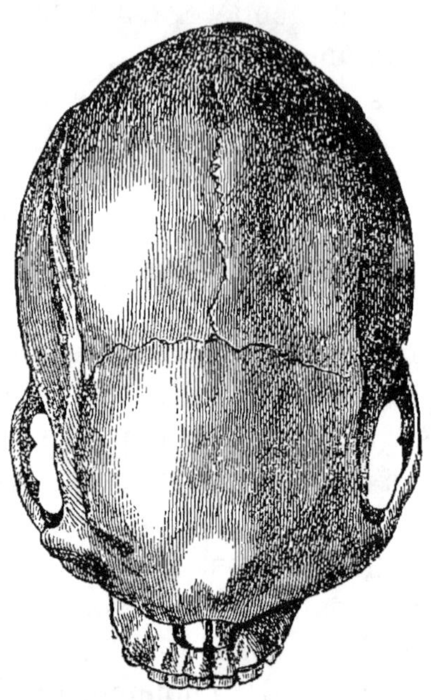

Crâne d'Australien vu de haut.

citerons celles des Esquimaux, des Néo-Calédoniens, des Australiens, des Bochimans, les races préhistoriques du type le

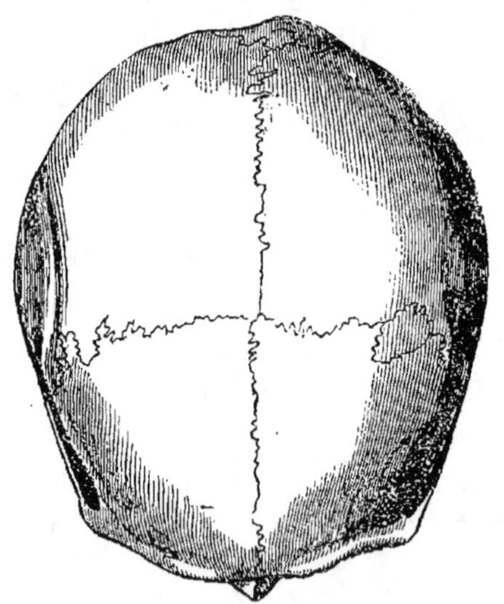

Crâne de Lapon vu de haut.

plus ancien découvertes récemment en France, en Belgique et
dans l'Allemagne occidentale ; parmi les races les plus brachy-

céphales, nous citerons celles des Lapons et des noirs de l'extrême Orient, connus sous le nom de Négritos.

Un fait bien frappant est celui-ci : les singes anthropomorphes africains (gorille et chimpanzé) sont dolichocéphales comme le sont les nègres africains (1) et les Bochimans (2) ; tandis que les anthropomorphes de l'extrême Orient sont brachycéphales comme le sont les Négritos des îles Andaman, de l'intérieur de la presqu'île de Malacca et de certaines parties de la Malaisie (3). Si nous admettons que la dolichocéphalie très-caractérisée et la brachycéphalie également caractérisée sont irréductibles l'une à l'autre, c'est-à-dire qu'elles sont primitives dans différents groupes humains, nous devons admettre en même temps qu'il a coexisté des primates précurseurs de l'homme brachycéphales et des primates dolichocéphales. Le fait des singes anthropomorphes à tête allongée (gorille et chimpanzé) et des anthropomorphes à tête courte (orang et gibbon) nous confirme pleinement dans cette manière de voir.

En ce qui concerne la *capacité du crâne*, il est hors de doute que la cavité crânienne du précurseur immédiat de l'homme à l'époque tertiaire était moins considérable que ne l'est la capacité du crâne des différentes races humaines.

D'après le mode de cubage si rigoureux dû à M. Broca (4), tandis qu'un nombre considérable de crânes d'Européens cubent plus de 1 500 centimètres, les crânes des nègres d'Afrique n'atteignent très-souvent que le chiffre de 1 400 et parfois même ne s'y élèvent point (par exemple ceux des Achantis). Les Australiens arrivent à peine à 1 300, les Australiennes à 1 180.

D'après M. Topinard, le crâne du gorille mâle cube 530 centimètres (5) ; celui du gorille femelle, 470 ; celui de l'orang mâle, 440 ; celui du chimpanzé mâle, 420 (6). Il est évident que l'homme même le plus inférieur est grandement supérieur à son voisin actuel dans la série des êtres par la quantité de sa matière pen-

(1) Indice céphalique d'environ 73, soit 73 de largeur pour 100 de longueur.

(2) Indice de 72 à 73.

(3) Indice de 82 environ.

(4) *Instructions craniologiques et craniométriques*, p. 97. Paris, 1876.

(5) Moyenne prise sur seize spécimens. *L'Anthropologie*, p. 48. Paris, 1876.

(6) Moyenne prise sur sept spécimens.

sante ; mais la valeur de ce fait peut être réduite à une juste proportion, si l'on compare entre elles les boîtes osseuses les plus volumineuses et les boîtes osseuses les moins capaces que l'on ait rencontrées dans l'humanité. Il faut se rappeler également que « les capacités crâniennes de quelques-uns des singes inférieurs descendent au-dessous de celles des singes les plus élevés, presque autant que ces dernières s'éloignent de celles de l'homme » (1).

Certains crânes appartenant aux différents âges de la pierre ont donné, il est vrai, un fort indice cubique, mais M. Broca a démontré que cette capacité considérable était due uniquement à l'œuvre de la sélection naturelle. La lutte pour la vie était bien autrement dure à cette époque qu'elle ne l'est aujourd'hui, et ceux-là seuls avaient chance de parvenir à leur développement complet qui l'emportaient sur les autres hommes par l'ensemble de leurs qualités.

D'autre part, M. Broca a suffisamment prouvé que, dans le cours des âges, et sous d'heureuses influences, la capacité crânienne peut s'augmenter et s'augmente en effet d'une façon notable (2). M. Vogt, de son côté, semble admettre que la capacité crânienne des nègres esclaves est moindre que celle des nègres indépendants (3) ; ce fait peut servir de corollaire frappant au fait précédent.

Quoi qu'il en soit, sans prétendre que le crâne du primate précurseur de l'homme cubât aussi peu que celui du gorille, nous pouvons supposer qu'il cubait moins que ne cube actuellement le crâne de la femme australienne.

Un des caractères qui surprennent le plus à la première inspection du crâne d'un gorille mâle est la *crête verticale* dont il se trouve pourvu. Cette crête atteint, dans son plus fort développement, jusqu'à 3 et 4 centimètres de hauteur. L'orang, lui aussi, présente, lorsqu'il est adulte, une crête verticale, mais beaucoup moins prononcée. Les attaches musculaires s'y implantent avec force.

(1) Huxley, *De la place de l'homme dans la nature*, traduit par E. Dally, p. 201. Paris, 1868.
(2) *Mémoires d'anthropologie*, t. I, p. 348. Paris, 1871.
(3) *Leçons sur l'homme*, p. 115. Paris, 1865.

Nous ne trouvons, dans aucune race humaine, une véritable crête ; cependant la conformation de la voûte crânienne des Esquimaux et des Australiens peut laisser supposer chez les différents primates qui les ont précédés une certaine disposition en crête. En principe, chez le gorille et chez l'orang, cette crête s'arrête (ou commence) au bord antérieur de la suture sagittale ; chez l'homme, elle peut se prolonger sur l'os frontal, « en simulant une suture médio-frontale synostosée en relief » (1). M. Topinard pense qu'il a existé jadis en Océanie une race actuellement éteinte dont le sommet du crâne était disposé en toit ; on en trouverait çà et là des vestiges non douteux. Nous ajouterons, d'autre part, que le relèvement des crêtes temporales est très-manifeste dans certaines races, par exemple chez les Néo-Calédoniens. Le musée de la Société d'anthropologie possède un crâne du Turkestan qui, sous ce rapport, est un phénomène des plus curieux.

Ce relèvement est dû au grand développement du muscle temporal, dont les deux fosses d'insertion se creusent et arrivent à n'être plus séparées que par une crête, au lieu de l'être par une surface plane. De ce fait, soit dit entre parenthèses, nous pouvons conclure assez logiquement aux instincts voraces des individus ainsi caractérisés.

En somme, nous pensons qu'on trouve ici dans la série des anthropomorphes et des hommes tous les intermédiaires possibles, et nous pouvons constater dans toutes ses formes le développement plus ou moins exagéré de la fosse temporale.

Ajoutons enfin que tous les gorilles mâles, ainsi que le prouve un crâne appartenant au laboratoire d'anthropologie, ne présentent pas la crête verticale bien accusée. Peut-être n'y a-t-il là que des variations individuelles, mais cependant nous ne serions pas surpris qu'il y eût plusieurs races de gorilles.

Nous pouvons dire d'une façon générale que les *sutures crâniennes* du primate qui nous occupe étaient beaucoup plus simples que ne le sont ces mêmes sutures dans les diverses races humaines. En principe, moins une race humaine est élevée, plus ses sutures crâniennes sont simples. Les dentelures sont d'autant plus compliquées que l'on s'élève davantage dans la série des

(1) Topinard, *l'Anthropologie*, p. 225.

êtres (1). Dans un grand nombre de crânes préhistoriques (Néanderthal, les Eyzies, etc.), cette simplification des sutures est évi-
dente.

Il faut noter, d'autre part, que l'*ossification des sutures* est d'autant plus précoce que la race de l'individu est moins élevée.
M. Broca a constaté que chez des nègres les sutures de la voûte
du crâne étaient presque entièrement refermées à l'âge de trente-
cinq ou quarante ans (2). Il est avéré que chez certains individus
très-supérieurs la fontanelle antérieure ne s'est oblitérée qu'à
une époque fort tardive. Gratiolet dit très-formellement que
« dans les races les moins perfectibles les sutures sont plus simples et s'effacent de très-bonne heure ; elles disparaissent quelquefois plus ou moins complétement chez des sujets de trente à
quarante ans. Elles persistent beaucoup plus tard dans les races
supérieures (3). »

Ajoutons enfin, avec Gratiolet et M. Broca, que les sutures crâniennes s'oblitèrent dans les plus basses races de l'humanité
comme elles s'oblitèrent chez les anthropomorphes, c'est-à-dire
d'avant en arrière ; tandis que dans les races les plus hautes l'ossification a lieu d'arrière en avant. Ce fait, à la vérité, a été mis
en doute, mais l'expérience démontre qu'il est parfaitement
exact (4). Il semble difficile que le primate précurseur n'ait point
partagé sous ce rapport le sort des races humaines inférieures
et des singes anthropomorphes.

Nous pensons également que sa suture coronale, ou suture
transverse antérieure, devait être, comme celle des anthropomorphes et des individus appartenant aux races humaines inférieures, beaucoup plus rapprochée de la face qu'elle ne l'est dans
les races supérieures (5).

Cela nous amène à parler du *front*. La comparaison des races
supérieures de l'humanité avec les races inférieures dit assez
clairement que le front du primate précurseur devait être peu

(1) Gratiolet, *Bulletins de la Soc. d'anthrop. de Paris*, 1860, p. 53. — Broca,
Mémoires d'anthropologie, t. II, p. 187. — Schaaffhausen, *Congrès d'anthropologie*, deuxième session, p. 413. Paris, 1868.
(2) *Op. cit.*, t. II, p. 168.
(3) *Bulletins de la Soc. d'anthrop.*, 1860, p. 563.
(4) Broca, *op. cit.*, t. II, p. 187, 210.
(5) Gratiolet, *op. cit.*, 1861, p. 255.

développé. Le gorille a fort peu de front ; le chimpanzé en a davantage et, sous ce rapport, se rapproche plus de l'homme (1).

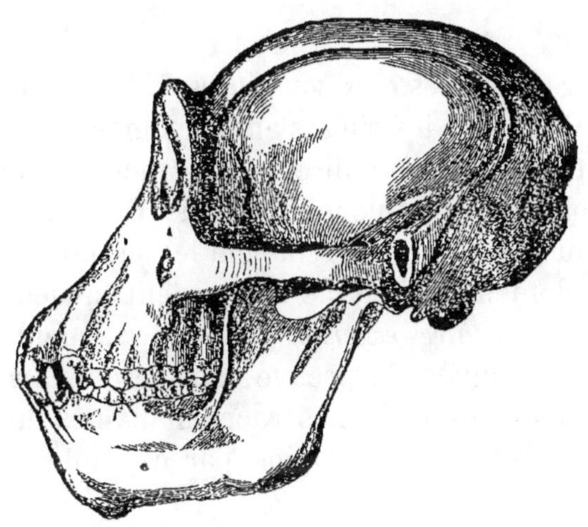

Crâne de Chimpanzé.

La question des *sinus frontaux* est assez obscure. Chez beaucoup de mammifères ces sinus sont fort peu développés. L'orang
et le chimpanzé en sont toujours pourvus (2). On a dit que le gorille n'en possédait point, mais cela est inexact. M. Broca a
constaté sur un gorille adulte des sinus frontaux immenses, occu-
pant toute la région sourcilière et s'étendant jusqu'à la fosse temporale, dont ils n'étaient séparés que par une lame transpa-
rente (3). Chez l'Australien, ils paraissent faire défaut, soit en
partie, soit même en totalité. C'est là un fait curieux et dont
l'explication nécessite sans doute des recherches ultérieures.
Nous doutons qu'il se confirme. Au simple point de vue ration-
nel, il est assez difficile à admettre. Il ne faut pas confondre, en
effet, dans un seul et même ensemble, la question des arcades
sourcilières avec celle des sinus frontaux. Les arcades peuvent
être médiocrement développées, et il peut cependant exister à
côté d'elles des sinus véritablement considérables. En somme, il
nous semble assez vraisemblable que ces sinus avaient une importance réelle chez le précurseur de l'homme.

Quant au renflement qui se présente très-souvent (surtout dans
les crânes d'individus mâles) entre les crêtes sourcilières, et au-

(1) Gratiolet, *op. cit.*, 1864, p. 654.
(2) Vogt, *Leçons sur l'homme*, p. 191. Paris, 1865.
(3) *Op. cit.*, t. II, p. 143.

quel on donne le nom de *glabelle*, nous ne pensons pas qu'il ait présenté quelque chose de particulier chez l'ancêtre immédiat de l'homme.

Il en est autrement des *arcs sourciliers*. Leur saillie a dû être considérable. Chez tous les singes anthropomorphes ces arcades sont fortement projetées ; nombre de très-anciens crânes préhistoriques (Néanderthal, Eguisheim, Engis, Gibraltar, etc.) sont très-curieux sous ce rapport, et souvent les crânes d'Australiens et de Néo-Calédoniens actuels ne leur cèdent en rien (1).

Les *apophyses orbitaires externes* étaient également fort développées. Nous en trouvons la preuve dans ce qui existe chez les anthropomorphes, chez certaines races humaines inférieures et dans quelques crânes préhistoriques, par exemple celui de Gibraltar (2).

Nous devons admettre aussi, nous fondant sur les caractères propres aux singes anthropomorphes et aux races humaines inférieures, que la *face* réclamait une importance toute particulière dans l'ensemble du crâne.

De l'*os malaire* nous n'avons qu'une chose à dire, c'est que, selon toute vraisemblance, il devait présenter plus souvent que chez l'homme actuel une anomalie assez intéressante. Cette anomalie, signalée déjà depuis longtemps, consiste dans la division horizontale de l'os malaire en deux parts, l'une supérieure, l'autre inférieure, et cela grâce à une suture persistante. M. Morselli y voit un phénomène de régression, de retour vers un type inférieur (3).

Au sujet du nez nous avons beaucoup plus à dire.

On sait que l'indice nasal, étudié particulièrement par M. Broca, est d'une grande importance dans l'étude comparée des races humaines. Cet indice est le rapport de la largeur maximum de l'orifice nasal à la hauteur maximum des os du nez (cette dernière étant prise de la suture naso-frontale jusqu'à l'épine nasale). Les Bochimans, les nègres d'Afrique, les Australiens sont placés par leur indice nasal très-élevé (58, 54, 53) parmi les races les

(1) *Op. cit.*, t. II, p. 142.
(2) *Op. cit.*, t. II, p. 378.
(3) *Sopra una rara anomalia dell' osso malare*, 1874.

plus platyrhiniennes ; les Sémites et les Berbers, parmi les races les plus leptorhiniennes (indice de 45 environ). Quant aux anthropomorphes, leur indice nasal n'est vraiment considérable que dans le premier âge. Il diminue par la suite d'une façon notable, et cela, ainsi que l'a dit M. Broca, sous l'influence du développement énorme des orbites (1). Il n'en est pas moins vraisemblable que, parmi les races diverses des ancêtres immédiats des races humaines, plusieurs ont été caractérisées par un indice nasal très-élevé.

« Les *os propres du nez*, dit d'autre part M. Broca (2), sont au nombre de deux chez tous les singes comme chez l'homme, mais ils ont plus ou moins de tendance à se fusionner en un seul. Chez l'homme blanc ils restent distincts jusqu'à un âge assez avancé ; ils se soudent beaucoup plus tôt chez les Hottentots, où leur réunion est quelquefois complète dès l'âge de vingt à vingt-cinq ans. La soudure est beaucoup plus précoce encore chez les anthropoïdes. » Nous pouvons en conclure qu'elle était précoce également chez le primate dont nous cherchons à restituer les caractères.

C'est à tort que l'on a donné comme une caractéristique purement humaine la présence de l'*épine nasale*. M. Hamy a démontré que l'épine nasale manque chez certains hommes et qu'elle existe, au moins à l'état de vestige, chez quelques anthropomorphes (3). En principe, chez les nègres les plus prognathes l'épine nasale est à peine prononcée. Nous devons supposer par conséquent qu'il en était de même chez l'ancêtre immédiat de l'homme, et que, de plus, cette épine se bifurquait chez lui comme elle se bifurque chez les anthropomorphes et dans un certain nombre de crânes humains.

Arrivons aux *orbites*.

Il nous suffira de rappeler que le rapport de la hauteur orbitaire à la largeur orbitaire est fort élevé chez les anthropoïdes. L'indice orbitaire du gorille est de 98,6 ; celui du chimpanzé, de 99,6 ; celui de l'orang, de 113,3 (4). Chez l'homme, l'indice orbitaire est loin d'établir une série ascendante ou descendante dans

<hr>

(1) *Revue d'anthrop.*, t. I, p. [illegible]
(2) *Bulletins de la Soc. d'anthrop.*, 1869, p. [illegible]
(3) *Ibid.*, 1869, p. 17.
(4) *Revue d'anthrop.*, t. IV, p. 649.

**

les différentes races. C'est ainsi que M. Broca a trouvé un fort
indice de plus de 92 chez une dizaine de Polynésiens, et qu'il
n'a trouvé que des indices très-faibles de 81, de 80,5, de 80,4,
de 79,3 sur des collections assez importantes de Cafres, de Néo-
Calédoniens, d'Australiens et de Tasmaniens. Les Chinois ont à
peu près le même indice que les Polynésiens ; les Esquimaux, que
les Corses et les Auvergnats ; les Croates, que les Bochimans ; les
Guanches, que les Tasmaniens. Dans cette confusion il est difficile de se prononcer sur ce que pouvait être l'indice orbitaire
chez les ancêtres de l'homme.

Par contre, l'*indice céphalo-orbitaire* (ou rapport de la capacité
des orbites à la capacité crânienne) présente un caractère vraiment hiérarchique (1). La capacité crânienne est d'autant plus
considérable relativement à la capacité orbitaire que l'on s'élève
davantage dans la série ; le nègre le cède au blanc, l'anthropoïde le cède au nègre. Nous devons en conclure que les primates précurseurs des races humaines leur cédaient également
sous ce rapport.

Des *arcades zygomatiques* nous n'avons à dire qu'une chose
assez générale, c'est que chez le nègre elles paraissent ne pas
être toujours comprises (comme c'est le cas pour l'homme blanc)
dans la moitié antérieure du crâne. Le fait peut être constaté sur
des crânes examinés par leur base. En ceci les races inférieures
se rapprocheraient des anthropoïdes, chez lesquels les arcades
zygomatiques pénètrent fort avant dans la partie postérieure du
crâne (2).

Dans le crâne humain, pris d'une façon générale, nous voyons
que la partie antérieure et inférieure du pariétal s'articule avec
là partie supérieure de la grande aile du sphénoïde. La suture
qui relie ces deux os est approximativement horizontale, et est
longue, très-souvent, de 2 centimètres. A une des extrémités de
cette suture se trouve l'os frontal (s'articulant d'un côté au pariétal, de l'autre à la grande aile du sphénoïde), et à l'autre extrémité de cette même suture se trouve l'écaillé temporale (s'articulant aussi au pariétal et à la grande aile du sphénoïde). La

(1) Mantegazza, *Archivio per l'antropologia*. Florence, 1871.
(2) Vogt, *Leçons sur l'homme*, p. 185.

suture d'environ 2 centimètres qui relie le pariétal au sphénoïde, sépare donc l'un de l'autre le temporal et le frontal. M. Broca donne à cette région le nom de *ptérion* (1). Dans le cas ordinaire (celui que nous venons de décrire) le ptérion est dit « ptérion en H ». En effet, la suture en question figure la barre transverse de cette lettre ; au-dessus se trouve la base antérieure du pariétal ; au-dessous se trouve la partie supérieure de la grande aile du sphénoïde ; enfin, en dehors des barres perpendiculaires de cette même lettre, se trouvent d'un côté l'écaille du temporal, de l'autre le frontal. Ce cas est le cas ordinaire, disons-nous ; mais dans un certain nombre de crânes, appartenant presque tous aux races les plus basses de l'humanité, il arrive que la suture dont il s'agit est réduite à zéro, et que les quatre os susnommés s'articulent tous ensemble en un seul et même point. Ici le ptérion est dit « ptérion en X », et il affecte assez bien la forme de cette lettre. Ce n'est pas tout. Il peut se produire, et il se produit parfois dans les races inférieures un autre cas. La suture n'est plus horizontale (—), elle est verticale (|). Ici c'est le pariétal et le sphénoïde qui se trouvent disjoints, tandis que l'occipital et le frontal se trouvent unis. On peut figurer ce phénomène en accollant par leur pied deux Y placés verticalement l'un au-dessus de l'autre, celui du haut posé normalement, celui du bas, au contraire, renversé et présentant à l'envers sa bifurcation. C'est le « ptérion retourné », celui qui se présente normalement chez les singes, et parfois, ainsi que nous l'avons dit, dans les crânes de races inférieures. On ne saurait douter que chez l'ancêtre immédiat de l'homme les cas de ptérions en X et de ptérions retournés n'aient dû être assez fréquents.

La place du *trou auriculaire* devait être plus reculée qu'elle ne l'est chez l'homme. C'est ce qui se passe chez les anthropomorphes, et ce fait est d'ailleurs en connexion intime avec le plus ou moins de développement postérieur des arcs zygomatiques dont nous avons parlé ci-dessus.

Les *projections antérieure et postérieure* du crâne sont loin d'être identiques dans les différentes races humaines. Chez le nègre la projection antérieure est plus grande que chez le blanc. Prises à partir du bord antérieur du trou occipital, les deux projections

____

(1) *Mém. de la Soc. d'anthrop.*, 2ᵉ série, t. II, p. 25.

sont à peu de chose près égales chez l'Européen, tandis que chez le nègre il existe une différence de plus de neuf centièmes au profit de la projection antérieure. Ici encore le nègre se rapproche des anthropomorphes. Nous devons supposer que chez son précurseur ce caractère d'infériorité était encore plus marqué.

Nous nous trouvons amenés tout naturellement à parler ici du *prognathisme*. Il s'agit du prognathisme dans son ensemble, dans la plus large acception du mot, c'est-à-dire de la projection de toute la partie de la tête qui commence à l'intervalle interorbitaire. Il est constant que l'indice du prognathisme s'élève à mesure que l'on examine des crânes appartenant à des races inférieures. Tandis, par exemple, que les races blanches occupent ici le haut de l'échelle, les Néo-Calédoniens, les Cafres, les nègres de la côte africaine occidentale, les Bochimans, les Australiens en occupent les derniers degrés, et les anthropomorphes leur cèdent à leur tour. M. Topinard considère le prognathisme alvéolo-sous-nasal (celui qui intéresse la portion du maxillaire placée au-dessous de l'épine nasale, et, en même temps, la région dans laquelle se trouvent creusés les alvéoles) comme l'un des meilleurs caractères de la craniométrie (1), et nous pouvons supposer que chez l'ancêtre de l'homme ce caractère indiquait un état inférieur à l'état actuel.

De la face nous passons à l'*occiput.*

La *protubérance occipitale externe* est beaucoup plus forte, en moyenne, chez les Européens qu'elle ne l'est chez les nègres. Certains crânes préhistoriques l'ont fort peu développée, et il est vraisemblable que les ancêtres des races humaines se rapprochaient assez, en ceci, de l'état que nous constatons chez les nègres.

Le *trou occipital* est situé chez l'Européen à distance égale de l'extrémité antérieure et de l'extrémité postérieure du crâne. Chez le nègre il est placé sensiblement plus en arrière ; chez l'anthropoïde, plus en arrière encore. Cela nous laisse entendre que chez le primate précurseur de l'homme le trou occipital était placé plu-

(1) *Association française pour l'avancement des sciences*, première session, p. 695. Bordeaux, 1872. — *L'Anthropologie*, p. 305.

tôt en arrière du point médian de la base du crâne que sur ce point médian même.

Nous parlerons un peu plus loin du caractère important tiré du plan de l'ouverture occipitale.

Les *apophyses mastoïdes* de l'anthropoïde sont beaucoup moins développées que celles de l'homme. Chez l'ancêtre de ce dernier elles ne devaient pas être fort volumineuses. Comme le dit M. Topinard dans son manuel d'anthropologie (et cette opinion est également celle de M. Schaaffhausen), le développement des apophyses mastoïdes est une conséquence du développement des muscles qui s'y attachent et est en rapport avec la station droite, avec l'attitude bipède. Nous parlerons ci-dessous de cette dernière.

L'*arcade du maxillaire supérieur* est hyperbolique ou parabolique chez l'Européen, dit M. Topinard (1), en « upsilon » (U) ou elliptique chez le nègre. La forme en upsilon est celle que l'on rencontre chez les anthropomorphes. On peut admettre que l'arcade en question était assez variée chez nos ancêtres immédiats, mais la forme en upsilon devait chez eux être fréquente.

Dans son beau travail sur *l'Ordre des primates* (1869), M. Broca constate avec M. Hamy (2) que si *l'os intermaxillaire* possède chez les singes une apophyse montante qui paraît manquer chez l'homme, la disposition que l'on trouve chez ce dernier se rencontre également dans quelques espèces de singes. M. Hamy a même découvert sur de jeunes embryons humains la véritable apophyse montante dont il est question. En somme, « c'est seulement par l'époque de sa soudure que l'intermaxillaire de l'homme diffère réellement de celui des singes. » (Broca, *op. cit.*). Chez le gorille la soudure ne s'effectuerait pas avant la seconde dentition ; chez l'orang elle est plus précoce ; chez le chimpanzé elle est plus hâtive encore ; chez l'homme enfin elle a lieu vers la fin du troisième mois de la vie intra-utérine. Nous pouvons supposer que chez l'ancêtre immédiat de l'homme elle était un peu plus tardive.

(1) *Op. cit.*, p. 280.
(2). *L'os intermaxillaire de l'homme à l'état normal et à l'état pathologique.* Paris, 1868.

Quant au *maxillaire inférieur*, nous n'avons qu'à nous reporter à celui de la Naulette. Cet antique maxillaire humain est à peu de chose près une mâchoire simienne. C'est ce que M. Broca a démontré : « La saillie du menton est remplacée par une courbe fuyante ; à la place des apophyses géni existe un trou profond infundibuliforme ; le corps de la mâchoire est très-épais par rapport à sa hauteur ; l'alvéole de la dent canine est très-large, très-profond ; il fait saillie en avant, et ses dimensions considérables contrastent avec celles des alvéoles voisins. L'inspection des alvéoles des grosses molaires prouve que le volume de ces dents allait en croissant d'avant en arrière, et en outre on aperçoit dans l'alvéole de la dent de sagesse cinq sillons correspondant à cinq racines, autre caractère moins important, puisqu'il s'observe quelquefois chez l'homme, mais qui constitue cependant une certaine ressemblance avec les singes. Enfin, quoique l'arcade alvéolaire soit incomplète et qu'on ne puisse pas déterminer d'une manière absolument rigoureuse la situation de la ligne médiane, il est certain que les deux moitiés de la courbe alvéolaire n'étaient pas divergentes ; c'est tout au plus si on peut admettre qu'elles fussent parallèles, et il est très-probable qu'elles étaient convergentes, c'est-à-dire qu'elles décrivaient une courbe elliptique comme chez les singes (1). » Dans les premiers cahiers de leurs *Crania ethnica*, MM. de Quatrefages et Hamy ont rapproché de la mâchoire de la Naulette un certain nombre d'autres maxillaires préhistoriques qui présentent en partie, et à un degré plus ou moins frappant, les mêmes caractères. Il est évident, d'ailleurs, qu'on les rencontre également chez des individus appartenant aux races océaniennes, et ce dernier fait est, comme on le comprend, d'une importance considérable.

Le nombre des *dents* devait être le même ; en effet, l'homme et les anthropomorphes ont l'un et l'autre à chaque maxillaire six molaires du fond, quatre prémolaires, deux canines, quatre incisives. Certains maxillaires préhistoriques et quelques maxillaires appartenant à des individus de races inférieures nous autorisent à admettre que chez l'ancêtre de l'homme la canine dépassait le niveau des autres dents, et qu'il y avait une lacune à côté de cette canine, absolument comme chez les anthropomorphes (2).

(1) *Congrès international d'anthrop.*, deuxième session, p. 397. Paris, 1868.
(2) Vogt, *op. cit.*, p. 195.

M. Magitot a démontré que chez le chimpanzé la canine apparaissait comme chez l'homme avant (et non après) la dernière molaire (1). L'évolution dentaire du précurseur de l'homme était évidemment celle qui se manifeste chez celui-ci et chez les anthropomorphes.

En ce qui concerne le volume relatif des molaires, M. Magitot a établi également qu'il n'y a pas lieu d'admettre la prétendue loi d'inversion d'après laquelle le volume des molaires irait en décroissant, chez l'homme, de la première à la dernière, et, au contraire, irait en croissant chez l'anthropoïde. « En effet, dit cet auteur, s'il est vrai que dans les races humaines les plus élevées les molaires ont un volume décroissant régulièrement, il est facile de constater que cette progression descendante se trouve déjà moins marquée chez le nègre ; puis chez l'Australien et le Néo-Calédonien la progression est croissante. » M. Magitot ajoute avec juste raison que cette dernière disposition est frappante sur la mâchoire préhistorique de la Naulette, dont nous avons déjà parlé ci-dessus (2). Cela nous indique assez ce que devait être le volume relatif des molaires chez l'ancêtre immédiat de l'homme.

La dent canine est très-forte chez le gorille et l'orang, beaucoup moins chez le chimpanzé ; chez l'Australien elle est plus forte que dans les races blanches. Ici encore la série est nettement tracée.

Nous arrivons maintenant à parler de certains angles plus ou moins importants : angle facial, angle des axes visuels, angles auriculaires, etc.

M. Topinard a formulé de très-vives et très-rationnelles critiques contre toutes les espèces d'*angle facial* (3). Nous devons rappeler, cependant, que, comparant sous ce rapport un Bas-Breton, un Hottentot et un gorille mâle, il trouve, d'après la méthode de Geoffroy Saint-Hilaire, les chiffres respectifs de 68,5, 51 et 29 ; d'après la méthode de Cloquet, 72, 56 et 31 ; d'après celle de Jacquart, 85, 62,5 et 32 ; d'après celle de Camper, 81,5, 59 et 31,5. Cette progression régulière suffit à nous faire admettre que chez le primate précurseur de l'homme la boîte crânienne

<hr>

(1) *Bulletins de la Soc. d'anthrop.*, 1869, p. 136.
(2) *Op. cit.*, 1869, p. 121. — Broca, *Mémoires d'anthrop.*, t. II, p. 146.
(3) *L'Anthropologie*, p. 40.

était placée moins en avant, c'est-à-dire moins au-dessus de la face, qu'elle ne l'est chez nous.

L'*angle interorbitaire*, c'est-à-dire l'angle (ouvert en avant) que forment les deux axes visuels et qui établit la divergence du regard, était vraisemblablement le même. Cet angle a été étudié tout particulièrement par M. Broca (1). Il est constant que la faculté de regarder droit en avant est un des premiers caractères de l'ordre des primates ; toutefois, l'homme ne se trouve pas distingué ici des anthropoïdes d'une façon très-nette. Il arrive même en certains cas que l'anthropoïde présente un angle biorbitaire moins divergent que l'homme. On peut conjecturer que cet angle était approximativement de 45 degrés en moyenne.

On appelle *angle alvéolo-condylien* l'angle compris entre les deux plans que voici : le plan alvéolo-condylien (passant par le bord médian de l'arcade alvéolaire supérieure et tangent à la face inférieure des condyles de l'occipital) et le plan des axes visuels. Chez l'homme cet angle est beaucoup moins considérable que chez les autres animaux, même que chez le singe anthropoïde. Il est probable (mais il n'est pas encore démontré) que chez le nègre l'angle alvéolo-condylien est plus grand que chez le blanc. La différence, en tout cas, ne peut être que minime, et il est vraisemblable que chez l'ancêtre immédiat de l'homme elle n'était pas très-importante.

Nous avons à parler ici de trois angles dont l'étude est corrélative : l'angle occipital de Daubenton, l'angle occipital de M. Broca et l'angle basilaire.

L'*angle occipital de Daubenton* a sa base au point médian postérieur du trou occipital. De ce point deux lignes droites sont tirées : l'une est tangente au bord médian antérieur du point en question ; l'autre est tangente au bord inférieur de l'orbite. M. Broca, se fondant sur ce que le plan du trou occipital peut remonter plus haut que le bord orbitaire, a proposé un *second angle occipital*. Les deux droites servant à le constituer sont : premièrement, la ligne droite tangente (comme ci-dessus) au bord postérieur et au bord antérieur du trou occipital ; secondement, la ligne tirée du point médian postérieur de cet orifice et

---

(1) *Bulletins de la Soc. d'anthrop. de Paris*, 1873, p. 161.

tangente à la racine du nez, au point nasal. L'*angle basilaire* est formé par l'intersection d'une droite tirée de la racine du nez au bord médian antérieur du trou occipital, et d'une autre droite tangente au bord antérieur et au bord postérieur de ce même trou. M. Broca a démontré que cet angle est plus avantageux que les deux précédents pour mesurer l'inclinaison du trou occipital (1).

En fait, ces trois angles sont moindres chez l'homme que chez l'anthropoïde, et, dans les races humaines supérieures, ils sont moins considérables que dans les races inférieures. Chez les Auvergnats et les Bas-Bretons, l'angle basilaire est de 14 à 16 degrés ; chez les Esquimaux, de 24 ; chez les Nubiens, de 26 et plus. Il est de 45,5 chez le chimpanzé adulte, de 55 chez l'orang.

« Le niveau occipital (ou plan du trou occipital), dit M. Broca (2), s'élève en moyenne chez le blanc jusqu'au milieu de la hauteur des fosses nasales antérieures ; chez le nègre, il descend souvent au-dessous de l'épine nasale, et quelquefois au-dessous du point alvéolaire ; chez les jeunes anthropoïdes, il descend à peine au-dessous de ce point et peut remonter au-dessus ; chez les anthropoïdes adultes, enfin, il descend toujours bien au-dessous du menton. » Il est donc plus que vraisemblable que ce plan descendait beaucoup plus bas chez le précurseur de l'homme qu'il ne le fait chez l'homme actuel.

L'*angle sphénoïdal* fournit également une progression sériaire. Cet angle serait d'environ 135 degrés chez le blanc, de 145 chez le nègre, de 150 chez le chimpanzé. Il est intercepté par deux lignes droites, partant, l'une de la racine du nez, l'autre du bord médian antérieur du trou occipital, et aboutissant toutes deux au bord antérieur de la selle turcique (point sphénoïdal). Plus cet angle est ouvert, plus la face est projetée ; moins il est ouvert, moins la face a d'importance par rapport à la boîte crânienne. Nous pouvons admettre que chez l'ancêtre de l'homme cet angle était plus ouvert qu'il ne l'est chez l'homme.

Le sommet des *angles auriculaires* est situé sur l'axe biauriculaire, au milieu de la ligne droite allant d'un trou auditif à l'autre.

(1) *Revue d'anthrop.*, t. II, p. 221. — Augier et Julien, *Sur les angles occipitaux et basilaire* (*Assoc. française pour l'avancement des sciences*, troisième session, p. 566. Lille, 1874).

(2) *Bulletins de la Soc. d'anthrop.*, Paris, 1873, p. 81.

La comparaison de ces différents angles montre que la région frontale est plus développée chez le blanc que chez le nègre, et, à l'inverse, que la région occipitale est plus développée chez le nègre que chez le blanc (1). Qu'il ait été dolichocéphale ou brachycéphale, l'ancêtre de l'homme avait, sans aucun doute, un développement occipital assez considérable par rapport à son développement frontal.

Abandonnant ici les caractères crâniens. nous passons à un certain nombre d'autres caractères tirés, du reste, du squelette, en commençant par la *colonne vertébrale* (2).

Celle-ci présente chez l'homme une courbe sigmoïde, ou plutôt une double courbure. Dans la région du col, la courbe est en avant ; elle est en arrière dans la région du dos ; elle revient en avant dans la région lombaire. Chez les anthropoïdes, ce caractère de double incurvation va en diminuant, du gibbon au chimpanzé, puis à l'orang, puis au gorille (3), dont la colonne paraît presque tout entière concave, bien qu'en réalité elle ne le soit pas (4). On peut donc supposer que chez le primate précurseur de l'homme la courbure en S de la colonne vertébrale n'était pas très-fortement prononcée ; cette hypothèse ne s'appuie pas seulement sur la moindre incurvation de la colonne des anthropoïdes, mais elle repose aussi sur cet autre fait que la colonne vertébrale du nègre est évidemment moins incurvée que celle du blanc (5).

Chez l'homme, les apophyses épineuses de la colonne vertébrale se dirigent obliquement de haut en bas (sauf la dernière) et les apophyses lombaires sont dirigées de bas en haut. Chez les singes inférieurs, cette disposition s'accentue plus ou moins, et l'on peut suivre chez eux la transition du quadrupède au bipède (6) ; chez les anthropoïdes, enfin, la disposition est celle de l'homme. Nous pouvons en conclure que c'était aussi celle du primate précurseur de l'homme.

(1) Topinard, *l'Anthropologie*, p. 314.

(2) Chudzinski et Julien, *De la colonne vertébrale chez l'homme et les anthropoïdes* (*Assoc. française pour l'avancement des sciences*. Clermont-Ferrand, 1876).

(3) Broca, *Bulletins de la Soc. d'anthrop.*, 1869, p. 264.

(4) Huxley, *De la place de l'homme dans la nature*, p. 195. — Broca, *op. cit.*, p. 264.

(5) Huxley, *op. cit.*, p. 195. — Vogt, *Leçons sur l'homme*, p. 231.

(6) Broca, *op. cit.*, 1869, p. 260.

Ce dernier n'avait pas plus que nous, pas plus que les anthropoïdes, d'apophyses styloïdes, mais il en présentait peut-être des vestiges plus fréquents. D'après M. Hamy, les rudiments de ces apophyses se présenteraient particulièrement dans les races humaines inférieures (1).

Il est peu probable, d'autre part, que l'ancêtre immédiat de l'homme ait eu un rudiment de queue plus considérable que celui dont le coccyx nous offre la trace chez l'homme, chez le gorille, chez le chimpanzé, et autres. Nous savons, en tous cas, que l'homme a une véritable queue sous-cutanée.

Il est vraisemblable, par contre, qu'il différait assez sensiblement de l'homme par le *bassin*. Chez lui, cette partie du squelette était moins large que chez nous et en même temps plus longue. C'est ce qui se présente chez les anthropoïdes. D'après M. Topinard, la largeur du bassin excède sa hauteur, chez l'homme, de 28 pour 100 en moyenne, chez les singes anthropoïdes, de 6 pour 100 en moyenne (2). Le gorille, ici, a la première place, puis vient l'orang (tous deux très-rapprochés de nous), puis le chimpanzé, puis le gibbon. Il faut observer, d'ailleurs, que le nègre africain le cède sous ce rapport à l'homme blanc et présente un bassin plus long, moins développé en largeur (3).

Le *thorax*, dont le squelette est constitué par le sternum en avant, par les côtes sur le flanc, par les vertèbres dorsales en arrière, est développé transversalement chez l'homme, et, au contraire, dans le sens longitudinal chez les animaux inférieurs. Cette disposition est essentiellement en rapport avec l'attitude bipède, et les anthropoïdes, bipèdes comme l'homme ainsi que nous le verrons tout à l'heure, ont la cavité thoracique beaucoup plus large que ne l'ont les singes inférieurs et autres quadrupèdes. Pourtant ils le cèdent à l'homme d'une façon notable. Il est vraisemblable que les races humaines inférieures ne se trouvent pas ici sur le même pied que les races supérieures, et il est tout aussi vraisemblable que le primate précurseur de

(1) *Op. cit.*, 1876, p. 99.

(2) *Assoc. française pour l'avancement des sciences,* deuxième session, p. 562. Lille, 1874.

(3) *Ibid.*, p. 565.—Verneau, *Le bassin dans les sexes et dans les races*, p. 137. Paris, 1875.

l'homme se distinguait de ce dernier par l'allongement antéro-postérieur de son thorax.

Chez trois anthropoïdes, le gorille, le chimpanzé, l'orang, le corps même du sternum (abstraction faite du manche de cet os et de son appendice xiphoïde) est composé de trois pièces. Chez le gibbon, comme chez l'homme adulte, le corps du sternum ne présente qu'une seule pièce ; cette concordance laisse supposer qu'il en était de même pour l'ancêtre immédiat de l'homme.

Ce primate était évidemment bipède et bimane, c'est-à-dire avait deux *pieds* et deux *mains*, comme l'homme, comme les anthropoïdes : deux extrémités servant *principalement* à la marche, deux extrémités servant *principalement* à l'acte de la préhension. M. Broca a démontré, dans son mémoire sur *l'Ordre des primates* (Paris, 1869), que l'anatomie comparée permettait de suivre pas à pas les transformations graduelles qui établissent la transition entre le type du pied et celui de la main. Il a démontré facilement que « les anthropoïdes ont des mains qui ne sont que des mains, des mains dont la face palmaire ne devient jamais plantaire. » Nous pouvons dire d'une façon générale que les pieds du précurseur de l'homme étaient moins exclusivement adaptés à la station et à la marche, ses mains moins exclusivement adaptées à la préhension et au toucher, mais nous devons ajouter aussi qu'il ne s'agissait là que de différences peu considérables. Nous devons rappeler également que la main et le pied du nègre semblent moins accomplis que ceux du blanc, c'est-à-dire moins adaptés à un usage spécial et exclusif (1).

Les membres antérieurs de l'homme et des anthropoïdes se trouvent en état d'inversion par rapport aux membres postérieurs. Ce phénomène est dû, en partie, à la torsion de l'*humérus*, « os tordu sur son axe de 80 degrés (2) ». Quelle que soit l'exactitude de ce chiffre, il résulte de mesures prises comparativement sur des blancs, sur des nègres et sur des anthropoïdes,

(1) Darwin, *La descendance de l'homme*, t. 1, p. 156. Hæckel, *Histoire de la création des êtres organisés*, p. 591. — Bourgarel, *Mémoires de la Soc. d'anthrop.*, t. II, p. 391. — Simonot, *Bulletins de la Soc. d'anthrop. de Paris*, 1860, p. 500. — Rochas, *ibid.*, p. 395.—Bérenger-Féraud, *Revue d'anthrop.*, t. IV, p. 469.

(2) Ch. Martins, *Bulletins de la Soc. d'anthrop.*, 1868, p. 321.—Broca, *ibid.*, 1869, p. 304.

que l'angle de torsion est ouvert chez les premiers, moins ouvert chez les derniers, intermédiaire chez les nègres (1). Nous pouvons en conclure que cet angle était également moins fort chez l'ancêtre de l'homme que chez l'homme même.

La *fosse olécrânienne* qui existe vers l'extrémité inférieure et postérieure de l'humérus se présente parfois perforée. M. Broca a constaté la fréquence de ce fait dans les anciennes races de l'Europe occidentale (2). On le rencontre également dans diverses races actuelles, chez l'orang et le gorille, mais fort rarement chez le nègre, et il ne semble pas qu'il ait été moins rare qu'aujourd'hui dans le genre précurseur de l'homme.

De l'humérus descendons au *cubitus*, os interne de l'avant-bras. Quelques cubitus appartenant à des races préhistoriques sont incurvés comme il arrive chez les anthropoïdes (3). L'ancêtre immédiat de l'homme présentait peut-être ce caractère, au moins dans quelques races.

Nous arrivons aux os longs de la jambe.

M. Broca a également démontré que les *fémurs* de la race préhistorique des Eyzies se rapprochaient de ceux des anthropomorphes par leur largeur. C'est là au moins un des caractères que l'on peut attribuer aux fémurs de nos ancêtres immédiats. La femme bochimane connue sous le nom de Vénus hottentote, et dont le squelette est au Muséum d'histoire naturelle, ne présente point de ligne âpre (Topinard). Ce fait, d'après Desmoulins, serait commun à tous les Bochimans : « La ligne âpre du fémur, dit cet auteur, qui termine une surface prismatique dans les autres hommes, n'existe pas, et le contour postérieur de cet os, au lieu d'offrir deux faces inclinées l'une sur l'autre, ne présente qu'une surface plano-convexe (4). »

Les *tibias* de nos ancêtres étaient vraisemblablement aplatis transversalement, en lame de sabre, comme les tibias de plusieurs races préhistoriques (5) et comme ceux des anthropomor-

(1) Topinard, *l'Anthropologie*, p. 81.
(2) *Mémoires d'anthropologie*, t. II, p. 366.
(3) Broca, *ibid.*, p. 181.
(4) *Histoire naturelle des races humaines*, p. 303. Paris, 1826.
(5) *Ibid.*, p. 174, 181, 372.

phes. M. Broca a découvert une disposition analogue sur plusieurs nègres d'Afrique, M. Schaaffhausen sur des Australiens, et ce cas semble être également celui des Bochimans.

Ce qui frappe au premier coup d'œil dans la *proportion des membres* des anthropoïdes comparés aux membres de l'homme, c'est que les membres supérieurs des premiers sont plus longs que ceux de l'homme, et les membres inférieurs moins longs. Cette impression générale est exacte, mais son analyse est assez compliquée, selon que l'on compare la longueur des différents os à la taille même des sujets ou bien à la longueur des divers os longs. Il est constant, en tout cas, que les races inférieures de l'humanité occupent d'une façon générale, sous ce rapport, un degré plus bas que celui des races supérieures, un degré plus haut que celui des anthropoïdes (1). Il ne pouvait en être différemment de l'ancêtre immédiat de l'homme. Son radius devait être notablement plus long par rapport à son humérus qu'il ne l'est dans les différentes races humaines.

De l'ostéologie nous passons maintenant à la MYOLOGIE, à l'étude du système musculaire.

Dans sa note *Sur la valeur des anomalies musculaires au point de vue de l'anthropologie zoologique* (2), M. Pozzi a établi que chez l'homme les anomalies réversives concernent des muscles totalement étrangers au type humain normal, ou des muscles appartenant au type normal, mais modifiés et rapprochés d'un type inférieur. Nous ne passerons pas en revue toutes ces anomalies ; il suffit qu'un certain nombre d'entre elles, parmi les plus importantes, attirent notre attention.

Ce que nous en connaissons peut nous faire supposer que chez l'ancêtre immédiat de l'homme les *muscles de la nuque* étaient plus puissants ; que s'il existait un rudiment de crête verticale, les faisceaux du *muscle temporal* devaient y trouver une surface d'at-

---

(1) Dally, *Membres, Anthropologie* et *Proportions (Dictionnaire encyclopédique des sciences médicales)*. — Humphry, *A Treatise on the Human Skeleton.* — Broca, *Bulletins de la Soc. d'anthrop.*, 1862, p. 102 ; 1867, p. 641. — Hamy, *Revue d'anthrop.*, t. I, p. 79.

(2) *Assoc. française pour l'avancement des sciences*, troisième session, p. 581. Lille, 1874.

tache étendue (1) ; que le *peaucier du cou* était plus épais ; que l'*accessoire du long dorsal* présentait vraisemblablement de plus fréquents vestiges qu'il ne le fait aujourd'hui ; que le *fléchisseur du pouce* était peut-être moins développé, moins puissant (2) ; que la musculature de la partie inférieure de la jambe était également moins développée ; que la présence d'un tendon digital du court péronier latéral (3) était probablement plus fréquente qu'elle ne l'est aujourd'hui ; que l'*adducteur transverse du gros orteil* était plus développé ; que les *muscles fessiers* étaient moins importants, etc.

Nous trouvons, en effet, que chez le gorille et le chimpanzé les muscles cervicaux postérieurs sont plus volumineux que ceux de l'homme (4) et qu'ils sont fort puissants chez la plupart des nègres (5) ; que chez le nègre le muscle peaucier est plus épais que chez le blanc (6), et qu'il en est de même chez le chimpanzé ; qu'un certain nombre de nègres possèdent des vestiges de l'accessoire du long dorsal qui se rencontre chez les anthropoïdes (7) ; que le mollet du nègre, de même que celui des anthropomorphes, se distingue nettement de celui du blanc, etc., etc.

Il est bien entendu, d'ailleurs, que cette énumération est fort incomplète.

Bien que dans la plupart des races inférieures de l'humanité le *poil* soit moins abondant que dans les races supérieures (8), nous ne pouvons douter, étant donné le revêtement pileux des anthropoïdes, que le primate précurseur de l'homme n'ait été beaucoup plus poilu que l'homme actuel. Son tégument devait également être mieux réparti, c'est-à-dire ne pas se montrer avec abondance sur la tête, aux aisselles, à la région pubienne, puis, d'une

(1) Vogt, *Leçons sur l'homme*, p. 184.

(2) Dally, *Bulletins de la Soc. d'anthrop.*, 1868, p. 696.

(3) S. Pozzi, *ibid.*, p. 155. 1872,

(4) Broca, *Bulletins de la Soc. d'anthrop.*, 1869, p. 312.

(5) Vogt, *Leçons sur l'homme*, p. 225.

(6) Chudzinski, *Revue d'anthrop.*, t. III, p. 25. — Hamy, *Bulletins de la Soc. d'anthrop.*, 1870, p. 115.

(7) Topinard, *l'Anthropologie*, p. 97.

(8) On sait toutefois que les follicules pileux du fœtus sont plus marqués chez le nègre que chez le blanc. Roujou, *Bulletins de la Soc. d'anthrop.*, 1872, p. 119. — Sur le revêtement laineux de l'embryon, voir Darwin, *La descendance de l'homme*, trad. franç., t. 1, p. 25, 213 ; t. II, p. 407 et suiv.

façon moins importante, sur quelques autres parties du corps (la poitrine par exemple), pour ne consister ailleurs qu'en une implantation peu apparente (bien que très-régulière).

Il est possible, d'autre part, que l'implantation du système pileux ait eu lieu chez ce mammifère, selon les races, de différentes façon, ainsi que cela a lieu dans les races humaines : soit par une insertion continuelle et régulière, soit (comme chez les Papous, les Négritos (1), les Bochimans) par touffes, par petits buissons isolés les uns des autres.

Il est encore possible que la couleur du poil ait été assez variée, ici plus foncée, ici plus claire. On rencontre chez les différents anthropomorphes des nuances parfaitement distinctes. M. Roujou opine pour un tégument de couleur foncée, mais cette opinon est peut-être trop exclusive. D'après M. Darwin (*op. cit.*, t. II, p. 415), la teinte des différentes races aurait été acquise postérieurement à la disparition du poil.

Nous pouvons admettre enfin que la forme même du poil n'était pas la même chez tous les ancêtres de l'homme. Le poil devait être, selon les races, plus ou moins arrondi, plus ou moins elliptique, comme c'est le cas dans les différentes races humaines.

Son *oreille* était certainement moins enroulée que la nôtre; pourtant il ne faut pas perdre de vue que les oreilles du gorille et du chimpanzé sont souvent aussi bien ourlées que celles de l'homme (2).

Parmi les différents organes rudimentaires et avortés qui décèlent chez l'homme une origine de formes inférieures (muscle peaucier, plantaire grêle, etc.), l'un des plus curieux est l'*appendice vermiculaire* (3), qui représente un grand appendice chez les herbivores. Très-petit chez l'homme et chez les anthropoïdes de l'Orient, cet appendice est un peu plus long chez les deux anthropoïdes africains, gorille et chimpanzé. Il serait intéressant de rechercher quelle peut être sa taille dans les races humaines

(1) A. de Quatrefages, *Revue d'anthrop.*, t. I, p. 55.
(2) Topinard, *l'Anthropologie*, p. 100.
(3) Ch. Martins, *Introduction* à la *Philosophie zoologique*, de Lamarck, t. I, p. 64. — Darwin, *La descendance de l'homme*, t. I, p. 27. — Broca, *Bulletins de la Soc. d'anthrop.*, 1869, p. 342; *ibid.*, 1876, p. 90.

inférieures, comparée à ce qu'elle est chez le blanc. On peut supposer, en tout cas, que chez le primate précurseur de l'homme il était au moins aussi grand, peut-être même un peu plus développé.

Passant à l'appareil de la circulation, nous constatons que le type à deux artères de la *crosse de l'aorte* (type des singes inférieurs) se présente encore chez le gibbon ; que l'orang se rapproche du type à trois troncs, qui est celui des deux anthropoïdes africains et de l'homme (Broca, *op. cit.*, 1869, p. 364). L'accord de ce dernier et des deux précédents nous laisse naturellement penser que l'ancêtre immédiat de l'homme en était également arrivé sur ce point à la même structure.

Pas plus que l'homme, pas plus que l'orang, pas plus que le gorille et le chimpanzé, il ne devait être pourvu du *lobe azygos pulmonaire*, dont le gibbon est encore nanti (Broca, *ibid.*, p. 367 ; Richard Owen, *On the Anatomy of Vertebrates*, t. III, p. 582). Cependant on le rencontre parfois chez l'homme avec la valeur d'une anomalie réversive (1), et il est présumable qu'il a dû se présenter également chez notre ancêtre immédiat avec ce caractère. Cela est d'autant plus supposable que le lobe en question est la conséquence et l'indice de l'attitude plus ou moins horizontale du tronc.

Arrivons aux *organes génitaux*. Certains anthropoïdes possèdent un *gland* court et large, d'autres ont un gland mince et long, d'autres encore un gland arrondi. Il est probable que celui du primate précurseur de l'homme était de cette dernière forme, comme celui de l'orang, et se trouvait pourvu d'un prépuce. L'os pénial manque totalement à l'homme, mais on trouverait chez certains nègres un cartilage qui ne serait autre chose que le représentant de ce petit os (2). Ce cartilage devait exister vraisemblablement dans le corps caverneux de l'ancêtre immédiat de l'homme.

Quant au *clitoris*, nous ne pouvons supposer qu'une chose, c'est qu'il était sans doute plus volumineux que celui de la

(1) S. Pozzi, *Revue d'anthrop.*, t. I, p. 444.
(2) Roujou, *Bulletins de la Soc. d'anthrop.*, 1872, p. 100.

femme ; c'est ce qui a lieu chez les primates d'un rang inférieur.

Chez le gibbon, le *placenta*, organe d'union entre le fœtus et sa mère, est double (1) ; il est unique chez l'orang comme chez l'homme, et cela nous contraint à admettre que chez le précurseur de ce dernier il devait également se composer d'un seul et unique disque.

C'est une anomalie assez fréquente chez les femmes que celle d'un *utérus bifide*, d'un utérus muni de cornes ou partiellement divisé en deux organes (2). On peut admettre qu'elle est un cas de réversion vers une forme plus ancienne. « Personne, dit très-justement M. Darwin, ne pourrait prétendre qu'une conformation aussi parfaite que l'est l'utérus double anormal de la femme puisse être le résultat du simple hasard. » Nous ne pensons pas que la femelle du précurseur immédiat de l'homme ait eu régulièrement et toujours un utérus bifide, mais il est vraisemblable que le cas se présentait chez elle, par anomalie, assez fréquemment.

Le *cerveau* réclame particulièrement notre attention. Concernant son volume, nous pouvons dire d'abord, en comparant le cerveau des races humaines supérieures, celui des races inférieures et celui des anthropomorphes, que le cerveau de l'ancêtre immédiat de l'homme était relativement peu volumineux. Tandis que chez les Européens le poids du cerveau masculin varie presque continuellement de 1 340 à 1 420 grammes, celui du nègre oscille d'habitude de 1 230 à 1 330 grammes, et celui du gorille semble peser 560 grammes environ.

Plus on s'élève dans la série des êtres, plus les circonvolutions apparaissent compliquées. La différence du plus ou moins de complication se présente même dans les races humaines ; l'on a cité souvent pour son infériorité sous ce rapport le cerveau des Bochimans (3). Parmi les anthropoïdes, le gibbon est également moins favorisé. Nul doute que chez l'ancêtre immédiat de l'homme les plis circonvolutionnaires n'aient été plus simples que chez l'homme ; toutefois, la grande complication qui se montre chez l'orang et le chimpanzé nous laisse supposer que

(1) Owen, *The Anatomy of Vertebrates*, t. III. Londres, 1869.

(2) Darwin, *La descendance de l'homme*, t. I, p. 135, 142.

(3) Gratiolet, *Bulletins de la Soc. d'anthrop.*, 1859, p. 38 ; 1861, p. 261. — Vogt, *Leçons sur l'homme*, p. 239.

le cerveau du primate en question était doué déjà d'une puissance intellectuelle relativement remarquable.

Nous devons admettre également que le développement de ses circonvolutions frontales était moins considérable que chez l'homme. Tel est le cas, en effet, dans les races humaines inférieures (1), chez les idiots (2) et chez les anthropomorphes. Par contre, le développement de ses lobes occipitaux devait être plus considérable.

Dans l'anatomie du cerveau, on donne le nom de *plis de passage* à des ponts de substance cérébrale, généralement au nombre de quatre (Gratiolet), et qui relient le lobe pariétal et le lobe temporal. Des variétés que présentent ces différents plis chez l'homme et le singe, on a prétendu faire une différence ordinale entre le premier des primates et ses voisins immédiats. C'est ainsi que, d'après Gratiolet, le premier pli de passage manquerait totalement chez le chimpanzé, et que le deuxième pli, chez ce même anthropoïde, serait caché ; chez l'orang, on trouve les deux plis, mais le premier seul est superficiel. Seul de tous les primates, l'homme, en définitive, aurait constamment un second pli de passage superficiel, et ce caractère le distinguerait radicalement de ses frères inférieurs.

M. Samuel Pozzi a repris la question (3) et a cherché à substituer à la notion vague de plis de passage celle de circonvolutions de passage, établie en serrant de près les connexions immédiates de ces reliefs (*op. cit.*, p. 362, 363). M. Pozzi a ainsi démontré qu'il existe une remarquable homologie, sous ce rapport, chez les primates supérieurs. Chez eux, le premier pli existe toujours, qu'il soit superficiel ou caché, ce qui chez l'homme se présente anormalement, comme c'est le cas constant chez certains singes. Quant au second pli, il ne constitue que la partie supérieure d'un ensemble de plis, formant eux-mêmes une circonvolution, à savoir : la deuxième circonvolution de passage ; cette circonvolution est nettement définie par sa continuation antérieure avec la partie descendante du pli courbe. Chez l'homme, pour l'ordinaire, le premier pli de cette deuxième circonvolution de passage (lequel pli forme le second pli de passage

(1) Broca, *Bulletins de la Soc. d'anthrop.*, 1869, p. 382.

(2) S. Pozzi, *Revue d'anthrop.*, t. IV, p. 197.

(3). Article *Circonvolutions cérébrales* dans *Encyclopédie des sciences médicales*. Paris.

de Gratiolet) est volumineux et superficiel ; mais on peut, dans certains cas anormaux, le rencontrer petit et caché au fond de la scissure perpendiculaire. C'est le cas du cerveau de Royer, faible d'esprit, décrit par M. Pozzi (*op. cit.*, p. 347). Nous ne parlons pas des deux plis inférieurs de la seconde circonvolution de passage, qui correspondent aux deux plis de passage inférieurs de Gratiolet ; ils sont, en effet, constants chez tous les primates, et leurs variations n'offrent rien de distinctif. Mais il était important de montrer que l'homme, par ses plis de passage, se relie intimement aux primates supérieurs.

Un autre point important de la morphologie cérébrale chez l'homme, dans ses rapports avec la morphologie du même organe chez les primates, est l'existence, dans le cerveau humain, d'un lobule assez compliqué, situé au sommet de la scissure de Sylvius, entre la circonvolution pariétale ascendante et le pli courbe du lobe pariétal. Ce lobule paraît, à première vue, manquer chez l'orang et le chimpanzé ; aussi Gratiolet n'avait-il pas hésité à en faire une caractéristique de l'homme. Mais là encore, comme le dit M. Pozzi (*op. cit.*, p. 357), le phénomène n'est pas d'ordre qualitatif, il est simplement d'ordre quantitatif. Ce lobule du pli courbe, analysé dans ses éléments fondamentaux, est uniquement formé par deux racines du pli courbe qui sont les mêmes par leurs connexions chez l'homme et les singes ; mais, tandis que chez ces derniers ces racines sont simples et ne se contournent pas en lobule, chez l'homme, au contraire, elles forment des efflorescences accessoires. Ces efflorescences simulent un élément nouveau, et pourtant il n'y a là qu'un développement particulier d'éléments homologues chez tous les primates. Or, cette simplicité simienne se trouve dans les races humaines toutes les fois que le cerveau présente cet état rudimentaire qui réduit les circonvolutions à leurs éléments essentiels. Dans l'article ci-dessus indiqué, M. Pozzi a figuré et décrit un cerveau (p. 354, 355) dans lequel ce lobule du pli marginal supérieur n'existe ni plus ni moins que chez l'orang et le chimpanzé.

Il est probable que chez les individus appartenant au genre précurseur de l'homme le cerveau ressemblait à ces cerveaux simples que l'on rencontre sporadiquement dans les races humaines et qui se rapprochent d'une façon si remarquable de ceux des anthropoïdes.

Enfin, avant d'en terminer avec le cerveau. nous pouvons ajouter que la troisième circonvolution frontale, celle qui, dans l'ensemble de la matière pensante, est le siége de la faculté du langage articulé, devait être chez l'ancêtre immédiat de l'homme fort peu développée. C'est un point sur lequel nous reviendrons, d'ailleurs, en parlant plus loin de la faculté même du langage articulé.

La *station*, la faculté de se tenir et de marcher constamment droit, est sans doute une des caractéristiques de l'homme ; mais cette caractéristique, comme toutes les autres, n'est que relative, et certains nègres ne paraissent pas entièrement redressés. La station droite résulte de la double incurvation de la colonne vertébrale qui nous a occupé ci-dessus. Nous avons dit que cette courbure sigmoïde était de moins en moins prononcée chez le gibbon, chez le chimpanzé, chez l'orang, puis enfin chez le gorille. A la vérité, les quatre anthropomorphes sont bipèdes, ils marchent uniquement sur deux pieds ; mais ils s'appuient parfois (gibbon), ou souvent (chimpanzé, gorille), ou même toujours, (orang) sur la face externe de leurs mains. Il arrive également que le gibbon, le chimpanzé, le gorille se donnent un certain équilibre en élevant leurs bras au-dessus de la tête ou en les joignant derrière l'occiput. Quant au pied, le gibbon, le chimpanzé le posent à plat, comme l'homme, tandis que l'orang ne l'y applique qu'imparfaitement. On peut supposer que l'ancêtre immédiat de l'homme n'était pas entièrement redressé, mais qu'il l'emportait cependant sur le gibbon. Pour M. Darwin, c'est grâce au besoin de perfectionner ses extrémités antérieures que l'homme a pu acquérir son attitude verticale complète (1).

« En ce qui concerne la force et la *taille*, nous ne savons, dit M. Darwin, si l'homme descend de quelque petite espèce, comme le chimpanzé, ou d'une espèce aussi forte que le gorille : nous ne pouvons donc dire si l'homme est devenu plus grand et plus fort, ou plus petit et plus faible que ne l'étaient ses ancêtres. » (*Ibid.*, p. 172).

Le gibbon est le plus petit des anthropoïdes, il mesure au plus 1ᵐ,15, et encore toutes les espèces de gibbons sont-elles loin d'atteindre cette taille. Celle de l'orang est fréquemment de 1ᵐ,20, 1ᵐ,30 ; parfois elle est moins forte, parfois elle est plus éle-

(1) *La descendance de l'homme*, t. 1, p. 155.

vée. Le chimpanzé mesure pour l'ordinaire de 1ᵐ,25 à 1ᵐ,40. Le gorille l'emporte ici sur eux tous ; les tailles de 1ᵐ,70 et plus ne sont évidemment que très-exceptionnelles (si tant est qu'elles soient authentiques), mais celle de 1ᵐ,60 paraît être assez commune.

Nous pouvons en inférer que le primate précurseur de l'homme était, malgré le doute émis par M. Darwin, plus petit en général que l'homme lui-même. En effet, dans l'humanité, à côté des races de petite taille, celles, par exemple, des Négritos (environ 1ᵐ,45 pour les hommes), des Bochimans (environ 1ᵐ,40 pour les hommes), nous trouvons des races de haute stature : les Patagons, les Polynésiens, dont la moyenne, pour les hommes, semble dépasser 1ᵐ,77. Il est vraisemblable, d'ailleurs, que la taille pouvait être assez variée chez les diverses races du primate qui donna naissance aux diverses races humaines.

Nous ne pouvons douter, d'autre part, que ce dernier n'ait été, en principe, *herbivore*, comme le sont presque exclusivement les anthropoïdes. « Les gibbons mangent les insectes, mais ils semblent, en général, éviter la nourriture animale » (Huxley, *op. cit.*, p. 135) ; l'orang passe pour être absolument herbivore et frugivore (R. Wallace) ; le chimpanzé ne se fait au régime de la viande qu'en captivité (Th. Savage) ; le gorille est également frugivore.

Si le primate précurseur de l'homme était carnivore, ce ne devait être, selon toute vraisemblance, que dans une faible mesure. En tout cas, nous ne pouvons admettre qu'il ait jamais mangé son semblable. L'anthropophagie, en effet, comme l'ont exposé MM. Vogt (1), Girard de Rialle (2), Bertillon (3), suppose une certaine civilisation et souvent une civilisation religieuse. Nous renvoyons sur ce sujet aux importants travaux que nous citons en note.

MM. Schaaffhausen (4) et Vogt (5) ont démontré, d'ailleurs, que par son système dentaire l'homme n'est rien moins qu'un car-

---

(1) *Congrès d'anthropologie et d'archéologie préhistorique*, cinquième session, p. 295. Bologne, 1871.

(2) *Assoc. française pour l'avancement des sciences*, troisième session, p. 648. Lille, 1874.

(3) *Ibid.*, p. 675. Cf. Roujou. *Bulletins de la Soc. d'anthrop.*, 1872, p. 117.

(4) *Revue scientifique*, octobre 1868, p. 769.

(5) *Op. cit.*, p. 296.

nassier et que sa première dentition concorde par plusieurs côtés avec celles d'animaux insectivores.

L'ancêtre immédiat de l'homme était évidemment un animal *sociable*. Il nous suffit de rappeler ici que chez l'orang il n'y a guère que les vieux mâles qui vivent isolés et que le chimpanzé ainsi que le gorille vivent en troupes plus ou moins nombreuses (Th. Savage). En fait, il n'y a pas une différence considérable de la sociabilité du chimpanzé à la sociabilité rudimentaire du Bochiman (1) ou du Négrito (2).

Était-il *religieux?* La réponse à cette question dépend de la façon dont on comprend les mots de *religion*, de *religieux* et de *religiosité*.

Si l'individu religieux est celui qui reçoit ses croyances toutes faites, de sorciers, de prêtres ou d'illuminés; si l'individu religieux est celui qui sans examen accepte par paresse d'esprit les solutions courantes, faciles et réputées convenables, nous ne pouvons admettre que le précurseur de l'homme ait été un animal religieux.

Si nous pensons, au contraire (et telle nous paraît être la juste façon d'envisager les choses), que la religion n'est que la crainte de l'inconnu, l'ancêtre immédiat de l'homme a été religieux sans aucun doute, comme sont religieux les animaux inférieurs et comme sont religieux aussi la plus grande partie des hommes. C'est uniquement dans les couches supérieures de l'humanité que se rencontre l'homme véritablement irréligieux, l'homme de science qui chaque jour, grâce à l'observation et à l'expérience, réduit peu à peu le domaine du redoutable, le domaine de l'inconnu, en autres termes le domaine de la Divinité.

L'ancêtre immédiat de l'homme était-il *polygame?* était-il *monogame?*

Selon M. Darwin, l'homme des temps primitifs vivait probablement en polygame, parfois, et temporairement, en monogame : « A en juger par analogie, la promiscuité ne devait pas exister alors. » (*Op. cit.*, t. II, p. 398.) Il est vraisemblable que l'ancêtre immédiat de l'homme était à l'occasion monogame, mais que,

(1) Fritsch, *Die Eingeborenen Süd-Africa's.*
(2) De la Gironnière, *Vingt ans aux Philippines*, p. 207.

pour l'ordinaire, il vivait dans la polygamie, comme le font un si grand nombre de peuples africains et comme le fait le gorille (Th. Savage ; Darwin, *op. cit.*, t. II, p. 393 ; Huxley, *op. cit.*, p. 159). Le gorille mâle vit parfois avec une seule femelle (du Chaillu, p. 395), et le soko de Livingstone, qui est peut-être un chimpanzé, passe pour être monogame (1).

Ajoutons ici qu'il y avait peut-être pour le précurseur immédiat de l'homme une époque de beaucoup plus favorable que les autres à l'excitation au rapprochement sexuel. Ce fait assez curieux serait normal, dit-on, chez les Australiens (2).

Nous ne pouvons assurer que tous les hommes aient reçu de leur ancêtre immédiat l'art de faire du *feu*, ou du moins d'employer le feu naturel, et il se peut que plusieurs races humaines aient dû découvrir par elles-mêmes ou aient reçu de leurs semblables ce secret important (3) ; mais il faut reconnaître que si les silex des couches tertiaires de Thenay ont servi d'outil à un genre précurseur de l'homme (ainsi que le veulent les lois de la paléontologie, voyez ci-dessus, p. 64), ce précurseur savait employer le feu. Nombre de ces silex, en effet, sont éclatés au feu, taillés par le feu, si l'on peut employer cette expression.

Mais il ne se contentait pas de craqueler ainsi les pierres qui devaient lui servir d'armes ou d'outils. Il les *taillait* encore par la percussion et corrigeait avec un certain art, par de nouvelles tailles, les tailles précédentes et trop peu régulières. Sur un grand nombre des silex trouvés à Thenay par M. Bourgeois, sur quelques-uns, entre autres, de ceux qui sont déposés au musée de Saint-Germain, il existe une série de tailles dont la succession intentionnelle est des plus frappantes.

Il y a loin, sans doute, de ces instruments grossiers aux haches de Saint-Acheul, mais on peut admettre cependant avec M. Roujou que certains silex taillés à l'époque quaternaire rappellent par leur forme les pierres travaillées à l'époque tertiaire moyenne par un genre précurseur de l'homme (4).

Est-ce à dire que ce dernier ait connu cet art de la taille du

(1) *Revue d'anthrop.*, t. IV, p. 560.
(2) Fr. Müller, *Allgemeine Ethnographie*, p. 180.
(3) Letourneau, *Bulletins de la Soc. d'anthrop.*, 1870, p. 90.
(4) *Bulletins de la Société d'anthropologie*, 1874, p. 385.

silex et celui d'employer le feu, partout où il a vécu? Non sans
doute. Il est possible que parmi les différentes races de l'ancêtre
immédiat de l'homme plusieurs n'aient su se servir de la pierre
qu'à l'état brut. C'est ainsi que l'emploie le chimpanzé pour briser
la coque des fruits (4).

Les voyageurs qui ont étudié les mœurs des anthropoïdes nous
apprennent que le gorille se loge durant la nuit sur un échafau-
dage de bâtons et de branches touffues ; que le chimpanzé s'établit dans les arbres un véritable *nid* fait de branches brisées,
courbées et entrelacées ; que l'orang se prépare également, pour
dormir, un nid de branches et de feuilles (1).

Nous devons supposer que l'ancêtre de l'homme n'a pas eu le
plus souvent d'autre habitation. Nous savons, en effet, que le
Bochiman se façonne mainte fois une sorte de loge en tressant
des branches d'arbres et des rameaux. L'habitation des Australiens est tout aussi rudimentaire.

L'anthropoïde, comme un grand nombre d'autres animaux, se
sert de la *voix* avec intelligence. Il manifeste avec la voix ses
impressions diverses, ses craintes, ses joies, ses désirs ; avec la
voix, tour à tour, il commande, il prie, il interpelle, il avertit.
Mais il ne parle point à la façon dont parle l'homme, le Bochiman
aussi bien que le blanc le plus civilisé ; il ne possède pas la faculté du langage articulé, cette véritable et unique caractéristique
de toutes les races humaines.

Hâtons-nous toutefois de l'ajouter, cette caractéristique est
purement relative. Elle correspond, en effet, au développement
de la matière cérébrale. Si l'homme, par impossible, avait acquis
la condition perfectionnée qu'il nous présente dans tous ses organes, sans que son cerveau eût pris plus de développement que
celui de l'orang, l'homme ne parlerait pas. M. Broca a suffisamment démontré, dans plusieurs mémoires, que la faculté du langage articulé résidait dans la troisième circonvolution frontale du
cerveau, vraisemblablement dans le tiers postérieur de cette
circonvolution (2). L'expérience prouve qu'il y a lésion de cette

(4) Darwin, *op. cit.*, t. 1, p. 53, 55, 153.
(1) Huxley, *op. cit.*, p. 140, 153. — Savage ; R. Wallace.
(2) *Bulletins de la Société anatomique*, 1861, 1863. — *Bulletins de la Société de*

partie du cerveau (pour l'ordinaire dans l'hémisphère gauche) chez les individus aphasiques, et que chez ceux d'entre les microcéphales à qui l'on n'a pu apprendre à parler, elle est purement et simplement atrophiée.

D'ailleurs il nous est impossible de savoir si le précurseur immédiat de l'homme possédait ou ne possédait point la faculté du langage articulé. A coup sûr, s'il la possédait, ce n'était que d'une façon bien rudimentaire, et, s'il ne la possédait pas encore, il était très-certainement fort près de l'acquérir.

Nous terminons ici ce rapide examen. On le jugera sans doute fort incomplet, et nous sommes des premiers à le considérer comme tel. C'est une simple esquisse, dont les formes s'arrêteront et s'accentueront chaque jour avec le progrès de nos connaissances.

D'autre part, nous savons qu'une objection préalable nous sera adressée de bien des côtés. Ce précurseur de l'homme, avons-nous eu sous les yeux son squelette et ses chairs, ses muscles, ses appareils différents, avons-nous étudié directement ses mœurs particulières et sociales, pour discourir ainsi de son ostéologie, de sa myologie, de ses aptitudes, de son ethnologie?

Non sans doute. Mais cette objection pêche essentiellement par la base. A quiconque nous l'adresserait nous répondrions par ces deux questions : Les faits sur lesquels s'appuie notre argumentation sont-ils exacts ou ne le sont-ils pas? Les inductions que nous en tirons, ont-elles le caractère d'hypothèses légitimes ou ne l'ont-elles point?

Nous ne disons pas, en effet : le précurseur de l'homme était ceci, était cela ; nous disons simplement : il est vraisemblable qu'il était ceci ou qu'il était cela. Nos inductions sont-elles scientifiques ou ne le sont-elles point? Tel est le côté par lequel nous sommes soumis à la critique, étant donné, d'ailleurs, que les faits qui nous ont servi de point de départ sont suffisamment établis.

En ce qui concerne ces derniers, nous avons constamment cité nos auteurs. La simple énumération de leurs noms serait une garantie pour les juges les plus sévères, et nous pouvons,

chirurgie, 1864. — *Bulletins de la Soc. d'anthrop.*, 1861, 1863, 1865, 1866. — *Exposé des titres et travaux scientifiques*, 1868.

d'ailleurs, nous rendre ce témoignage, que partout où il nous a été possible de vérifier par nous-même les faits allégués, nous n'avons jamais manqué à les contrôler.

Un mot encore avant de terminer.

Nous ne voudrions pas que, d'après l'étude dont l'on vient de prendre lecture, on nous prêtât cette opinion : que les races inférieures, la race bochimane, par exemple, ou les races guinéennes, sont un trait d'union entre le précurseur de l'homme et l'homme le plus élevé. Telle n'est point notre pensée. Nous avons beau admettre l'évolution des espèces, nous n'en acceptons pas moins, également, la pluralité originelle des races humaines.

Aussi cette expression de *précurseur de l'homme* doit-elle s'entendre, partout où nous l'avons employée, dans son sens le plus large, dans celui d'un *genre précurseur de l'homme*. Ce *genre*, tout nous le fait admettre, comprenait *plusieurs races* distinctes, et cette diversité des races du précurseur est, à nos yeux, la cause efficiente de la pluralité originelle des races humaines.

Paris. — Typographie A. HENNUYER, rue d'Arcet, 7.

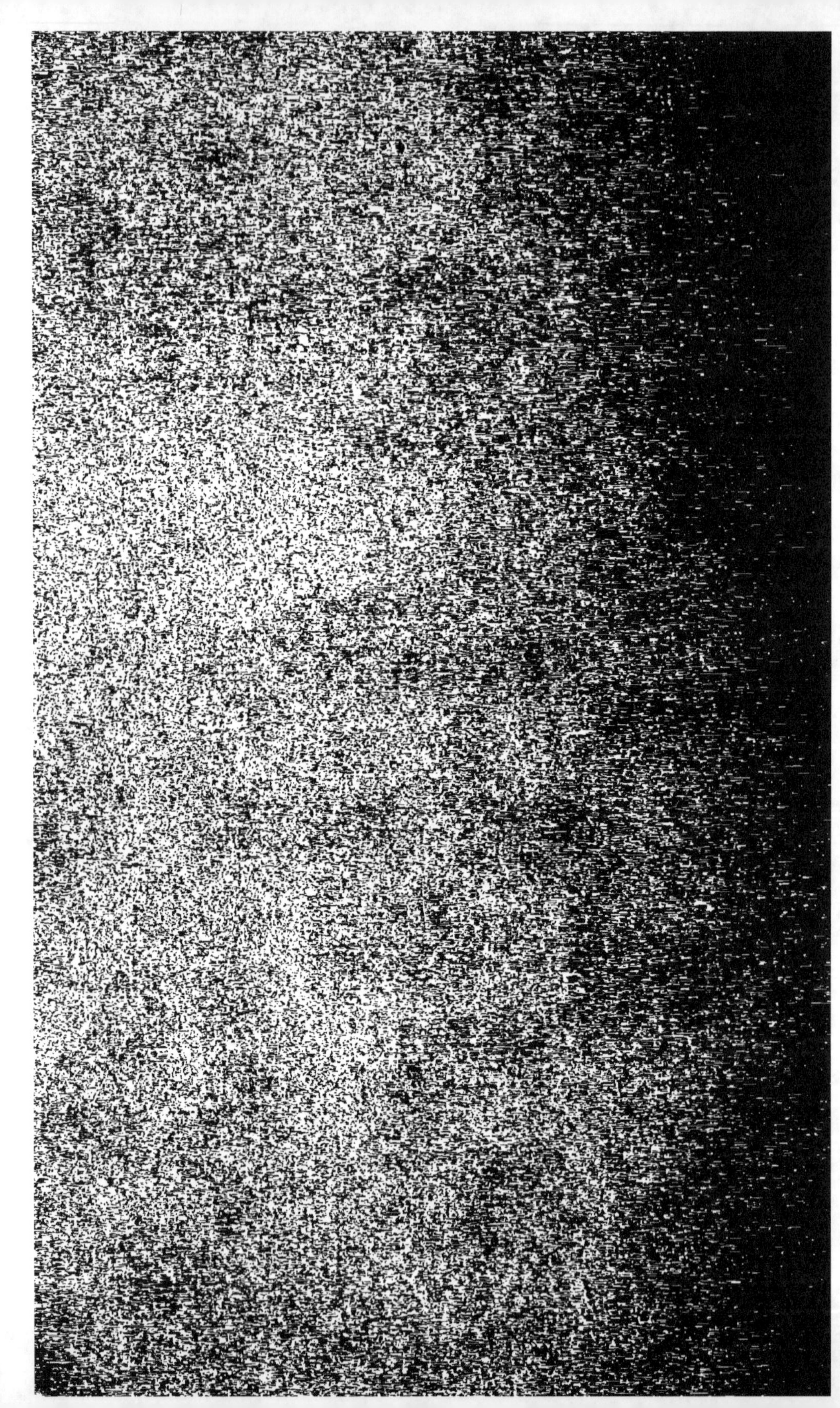

www.ingramcontent.com/pod-product-compliance
Lightning Source LLC
Chambersburg PA
CBHW061626060726
47597CB00005B/1827